"我是档案迷"丛书

卜鉴民 主编

苏州丝绸的前世今生

SUZHOU SICHOU DE
QIANSHI JINSHENG

杨韫 姜楠 商大民 栾清照 编著

苏州大学出版社
Soochow University Press

图书在版编目(CIP)数据

苏州丝绸的前世今生 / 杨韫等编著. —苏州：苏州大学出版社, 2020.2
("我是档案迷"丛书 / 卜鉴民主编)
ISBN 978-7-5672-3095-8

Ⅰ. ①苏… Ⅱ. ①杨… Ⅲ. ①丝绸工业－经济史－苏州 Ⅳ. ①F426.81

中国版本图书馆 CIP 数据核字(2020)第 018543 号

苏州丝绸的前世今生

杨韫 姜楠 商大民 栾清照 编著

责任编辑 王 亮

苏州大学出版社出版发行
(地址：苏州市十梓街 1 号 邮编：215006)
苏州工业园区美柯乐制版印务有限责任公司印装
(地址：苏州工业园区东兴路 7-1 号 邮编：215021)

开本 787 mm×1 092 mm　1/32　印张 2.75　字数 47 千
2020 年 2 月第 1 版　2020 年 2 月第 1 次印刷
ISBN 978-7-5672-3095-8　定价：22.00 元

若有印装错误，本社负责调换
苏州大学出版社营销部　电话：0512 - 67481020
苏州大学出版社网址　http://www.sudapress.com
苏州大学出版社邮箱　sdcbs@suda.edu.cn

"我是档案迷"丛书

主　编	卜鉴民
副主编	谢　静　吴　芳　陈　鑫　赵　颖
编　委	谈　隽　方玉群　栾清照　吴　飞
	杨　韫　陈明怡　周玲凤　姜　楠
	程　骥　苏　锦　石　浩　薛　怡
	史唯君　费乙丽　王颖华　商大民
	皇甫元

"我是档案迷"丛书

序

广袤富饶的平原,辽阔壮美的草原,浩瀚无垠的沙漠,奔腾不息的江海,巍峨挺拔的山脉,承载和滋润了多彩的世界文明。在人类的历史长河中,值得留住的记忆灿若星辰:距今3000多年的中国殷墟甲骨文、东南亚以爪哇文字写成的班基故事、壮丽颂歌贝多芬第九交响曲、记录大航海时代地理新发现的瓦尔德泽米勒绘制的世界地图、见证马克思主义诞生的《共产党宣言》手稿……这些珍贵的档案文献遗产是知识和智慧的源泉,承载着人类社会的共同记忆。

青少年是实现美丽中国梦的生力军。如何让青少年了解、亲近这些宝贵的世界记忆? 如何让青少年在档案馆里感受历史文化的变迁? 如何让青少年在建档过程中见证自身的成长? 带着这些问题,苏州市工商档案管理中心(以下简称"中心")开展了一些有益探索。2017年,中心馆藏的"近现代中国苏州丝绸档案"成功入选《世界记忆名录》。作为29592卷丝绸档案的守护者,中心于2018年成立世界记忆项目苏州学术中心,大力开展世界记忆项目进校园和未成年人成长档案建设等活动,以提升青少年对于世界记忆、文献遗产以及丝绸档案的认识。

"我是档案迷"丛书也是探索所取得的成果之一。自2018年开始，经过一年多的努力，这套书终于付梓与大家见面了。丛书共含6册，涵盖了未成年人成长档案、苏州丝绸业、丝绸之路、世界记忆项目等众多内容。为避免海量知识的简单罗列，在丛书策划之初，我们就建立了档案的"未成年人观"，以孩子的需求为创作的起点。我们仔细揣摩青少年的心理特点及阅读需求，正式推出了苏州丝绸档案的卡通形象代言人"兰兰""台台"，将一个个历史档案故事融入他们一系列的探险活动，以富有感染力的文字、生动有趣的图画和与知识紧密契合的游戏，引导青少年朋友们去接触世界记忆、了解文献遗产、认识苏州丝绸档案，让档案真正走进校园、走近青少年。

档案是连接过去的纽带，是照亮未来的火把，是带领我们避开记忆迷途的指南针。在书中，档案赋予我们超能力。当我们化身"兰兰""台台"，驾着时空机，穿越古今，重回档案现场，亲历中国记忆的重要瞬间时；当我们变身档案迷，在中国丝绸档案馆中闯关探险，解读珍贵丝绸档案时；当我们跟着方叔叔，建档爱档，一起制作自己的成长档案时……保护文献遗产的种子便在我们心头播种，参与世界记忆项目的小树便在我们心中成长。

如此可读、可玩、可品的丛书的问世，汇聚了众人的

心血，凝结了集体的智慧。感谢国家档案局和世界记忆项目中国国家委员会对丛书的大力支持；感谢入选《世界记忆名录》《世界记忆亚太地区名录》的文献遗产保管单位提供丰富的资料和专业的指导；感谢陈彦霖为《苏州丝绸的前世今生》一书创作的精美插画；感谢中心已退休的老同志商大民、皇甫元提供大量有关苏州丝绸以及《红楼梦》的资料；感谢苏州市档案馆监督指导处及中心的同志们共同承担图书的编撰工作。正是大家的通力合作，编写工作才能顺利完成。

文明永续发展，需要薪火相传、代代守护，更需要顺时应势、推陈出新。中华传统文化博大精深、源远流长，但无论是对档案文献遗产的保护与开发，对苏州丝绸历史的学习与探讨，还是对经典巨作《红楼梦》的解读与分享，都要与时偕行，不断吸纳时代精华。"我是档案迷"丛书的出版于我们而言是顺应时代的一次大胆而有益的尝试。我们真心希望青少年朋友们可以在丛书的引导下，走进档案馆，亲近文献遗产，感受中华文化的生生不息和代代传承，感受文明互鉴的流光溢彩和绚丽多姿！

卜鉴民
2020 年 1 月 1 日

人物介绍

兰兰

丝绸档案家族的一员。爱看书,爱学习,爱探索。擅长历史,喜欢各种美的事物。性格温和,富有爱心。生活中处处照顾弟弟,是弟弟的好榜样。

台台

兰兰的弟弟,同样也是丝绸档案家族的一员。调皮可爱,心直口快,对未知事物总是充满好奇,脑袋里装了无数个小问号。非常崇拜姐姐,总是围着姐姐转。

目录 CONTENTS >>>

- 1 卷首语
- 2 第一章 开启寻宝之旅
- 8 第二章 追溯丝绸业起源
- 18 第三章 库房里的特色档案
- 26 第四章 恢复丝织技艺的秘密
- 35 第五章 "非遗"里的丝绸文化
- 47 第六章 剧装戏具里的乾坤
- 57 第七章 苏州丝绸的新面貌
- 66 第八章 字里行间的谜题
- 73 第九章 找到档案里的宝藏
- 79 后记

卷首语

作为中国第一家丝绸档案馆,苏州中国丝绸档案馆(简称"中丝馆")坐落在古城水乡一隅,担负着对丝绸档案进行收集、接收、整理、保管并提供利用和进行研究的重要职责。

在和台台一起穿越时空隧道,了解中国珍贵的档案文献遗产之后,兰兰对档案的保护和利用产生了极大的兴趣,闲暇时便到中丝馆做了第一批志愿者。一天临下班前,兰兰在档案架上发现了一本神奇的书,用了很多办法都只能打开第一页,而且上面只有一些没有规律的图案。久思无果,兰兰找来了台台。在台台的帮助下,俩人解开了第一道谜题。看着眼前的答案,他们惊喜万分:中丝馆藏有宝藏!

在书本的引导下,姐弟俩一路过关斩将,凭借细致入微的观察、抽丝剥茧的分析和追根溯源的执着,拨开重重疑团,最终发现了其中的奥秘。中丝馆的宝藏究竟是什么?馆中的藏书还能开口说话?苏州丝绸业如何发展?中丝馆有哪些馆藏珍宝?……想要揭开这些谜底,就赶快和兰兰、台台一起踏上中丝馆寻宝之旅吧!

第一章 开启寻宝之旅

"兰兰,还不走吗?可以回家啦。"伴随着"嗒嗒嗒"的脚步声,空旷的库房中传来一声问语。

兰兰手中正捧着什么仔细观察着,闻言回道:"我想把这些档案整理完再回去,您先走吧。"

中丝馆的工作人员道了声"好"便走开了。

兰兰从排架中探出头,确认工作人员已离开后,便又将全部的注意力放到手中的档案上。或许也不能称之为档案,因为这更像是一本书,兰兰是在档案排架最高层的一个角落里发现它的。然而令人费解的是,兰兰用了很多方法都只能打开这本书的第一页,而在第一页上只有一些没有规律的图案。

兰兰独自思索许久无果后,决定将弟弟台台找来,两人一同破解这道有趣的谜题。

于是,被召唤来的台台便同姐姐一起陷入了沉思。台台兀自嘀咕着:"奇怪,这些图案究竟代表了什么呢?会是数字吗?"突然,他灵光一闪,指着这些图案对兰兰说:"姐姐你看,如果将桑叶看成圆点,把蚕宝宝看成横线,是不是就像摩斯密码了?"

兰兰凑上前仔细看着书页内容,也高兴起来:"这个思路应该没错了,我们来试试看。"

摩斯密码表(字母部分)

字母	码	字母	码
A	·—	N	—·
B	—···	O	———
C	—·—·	P	·——·
D	—··	Q	——·—
E	·	R	·—·
F	··—·	S	···
G	——·	T	—
H	····	U	··—
I	··	V	···—
J	·———	W	·——
K	—·—	X	—··—
L	·—··	Y	—·——
M	——	Z	——··

"寻——宝——之——旅?这是一本讲寻宝的书吗?"念着拼出的字句,台台不解道。

兰兰又将书本翻来覆去看了看,提议道:"没有其他线索了,如果说这里有宝藏的话,那我们就先去记录一切源头的地方——中丝馆档案资料室找找有什么提示吧。"

台台一路跟着兰兰来到中丝馆档案资料室,看到了一屋子摆放得整整齐齐的资料,好奇地问兰兰:"姐姐,这些资料里都讲了些什么呀?"

"你知道中丝馆主要担负着对丝绸档案进行接收、整理、保管并提供利用和进行研究的重要职责,那你知道最初这批丝绸档案是从哪里来的吗?"兰兰没有直接回答,而是反问了台台一句。

"姐姐你就别卖关子啦,快给我讲讲吧。"

看着台台迫不及待的样子,兰兰娓娓道来:"其实,这还要从2002年说起,那时苏州拉开了市属国有企业产权制度改革的帷幕,全国首家专门管理改制企业档案的单位——苏州市工商档案管理中心应运而生,对308家改制企业的档案实行统一管理、集中入库,累计接收档案约200万卷,算是打了一场漂亮的'档案保卫战',也由此开创了全国

档案系统改制企业档案管理的'苏州模式'。"

听到这里,台台不由感叹道:"哇,当时要是没有苏州市工商档案管理中心,这些宝贵的档案资料岂不是就要散落各地了。"

"是啊,"兰兰点点头,"当时接收的这部分档案,基本保存了近现代百年苏州市区工商业演变的历史,是反映一个城市近现代工商业文明的珍贵档案遗产。其中有一部分档案质地轻软却格外光彩夺目,就是我们所知道的那一批29592卷近现代中国苏州丝绸档案,后来成为苏州市工商档案管理中心的'镇馆之宝',先后被列入《世界记忆亚太地区名录》《世界记忆名录》。"

台台还是有些困惑,不由问道:"那这些跟中丝馆有什么关系呢?"

"小笨蛋,正是基于这样的前提,中丝馆才得以成立啊。你想想,如果没有大家对这些档案的抢救性保护,档案都遗失了,又哪有今天的中丝馆呢?"兰兰屈指敲敲台台的脑袋。

台台用手摸摸被姐姐敲到的地方,讨饶:"姐姐你最聪明啦。可是这里也没查到线索,我们下一步要怎么做呢?"

兰兰被问住了,也只能叹气:"也许这就是一个恶作剧,故意放在那里逗我们玩的吧。"

姐弟俩说话间,谁都没注意到兰兰手中的书忽然发出一道微弱的光,转瞬又消失了。

第一章　开启寻宝之旅

第二章　追溯丝绸业起源

将满室档案资料再一次仔细翻看后,姐弟俩还是一无所获,台台跺跺脚,将姐姐手中的书一把抢过,往桌上丢去,愤愤道:"就是骗我们的,好坏。"

"哎,别——"兰兰来不及阻拦,上去查看,却见被丢出去的书所翻开的页面内容是之前没见过的,赶忙招呼着让台台到跟前,"快来,后面这一页可以翻开了。"

只见新翻开的一页上写着"守护"二字,隐约还有微光闪烁,越发显得神秘莫测。

兰兰先教训弟弟:"你怎么还是这么急性子,不是告诉过你要爱护书本吗?下次可不许这么随便扔书了,知道了吗?"

台台这会儿也知道自己犯了错,乖乖站在一边,保证道:"知道了,再也不敢啦。姐姐你快看看书上还写了什么。"

姐弟俩凑到一起,试着往后继续翻页,这一次倒是很顺利地看到了上面的内容。

兰兰将书递给台台,摆出一副严肃的模样,说道:"这几句可是我们丝绸档案家族必背的古诗词,正好考考你,能背得出来吗?"

台台一昂头,撇撇嘴:"姐姐你也太小看我了,这有什么难的。"说着便将答案填在了书上。

"所以按照给出的规律——声母和韵母组合,ying、xiang、ting,我知道了,是影像厅!我们走。"兰兰一把拽过台台,往隔壁影像厅跑去。

"苏州所处的东太湖地区是中国蚕桑丝绸发祥地之一。自元代起,朝廷就一直在苏州设立织造局,后称织造署或织造府。此后,苏州逐渐成为闻名遐迩的丝绸产业基地,是名副其实的丝绸之府……"

还没有进入影像厅,姐弟俩就听到了房间中传出的声音。兰兰放慢脚步,探头看去:"奇怪,没有人啊,怎么会自动播放呢?"

"可能是工作人员忘记关了。姐姐,我们进去看看在放什么吧。"

兰兰看向屋中的大银幕,很快明白过来:"这是在说苏州丝绸业的起源和发展。你看,现在正说到夏商周时期的苏州丝绸业。"

"这我知道,2500多年前建造的吴国阖闾大城内就设有织里,还专辟锦帆泾,所产的丝织品馈赠中原各国。所以才有'左百人,右百人,有绣衣而豹裘者,有锦衣而狐裘者'这样的句子流传下来。那会儿大家还为了争夺边界桑田打架呢。"台台像在跟放映机比赛似的一口气说了一堆。

"我看你才要被打。"兰兰作势要去打弟弟,"前面说得头头是道,后面怎么就成打架了,那是周敬王时吴楚两国的'争桑之战',体现的可是蚕桑之

利在当时经济上的重要地位。我看你还是认真听听别人是怎么介绍的吧。"

说话间,大银幕上已开始讲述后续的苏州丝绸业发展概况,只听那低沉有力的旁白声音徐徐说道:"三国东吴时期,丝绸成为'赡军足国'的重要物资。当时苏州就有人东渡黄海到日本传授养蚕、织绸和缝制吴服的技术,通过海上通道进行的吴丝、吴绫等丝绸贸易规模也不断扩大。魏晋南北朝时期,北方战乱频繁,北人南迁,原在中原地区的中国蚕桑丝绸生产中心不断向南移动,同时丝织手工业也由亦耕亦织的农家分化出来,进入郡城,专业织造,江南丝绸生产得以长足发展。"

"唐代中晚期,今张家港东南部塘桥镇境内被称为'江尾海头'的黄泗浦,成为海上丝绸之路出海港口之一。唐贞元以后,江南道的丝绸贡品花色最多,数量最大,除了进献白编绫、吴绫等大宗丝绸外,还进奉红纶巾、宝花罗、文吴绫、吴朱纱、御服鸟眼绫等丝织物数十种。江南地区的丝绸生产技术水平已位居全国前列,吴地始被称为锦绣之地,有'蜀桑万亩,吴蚕万机'之说。从流传至今的诸多唐代诗词中足见唐代苏州蚕桑丝绸之盛。"

听到这里,台台忍不住打断道:"姐姐,这道题我会,除了刚才书上的那些诗词,我还会背好些跟丝绸有关的唐诗呢。"

看着弟弟一脸献宝样,兰兰好笑道:"那就给你一个机会表现一下自己,我看看你能背多少。"

台台背着双手,摇头晃脑背起来:"'君到姑苏见,人家尽枕河。古宫闲地少,水港小桥多。夜市卖菱藕,春船载绮罗。遥知未眠月,乡思在渔歌。'这是诗人杜荀鹤的《送人游吴》。诗仙李白的《寄东鲁二稚子》中有'吴地桑叶绿,吴蚕已三眠'一句。长洲诗人陆龟蒙在《奉和袭美太湖诗二十首·崦里》中写道:'川中水木幽,高下兼良田。沟塍堕微溜,桑柘含疏烟。处处倚蚕箔,家家下鱼筌。'其他还有'不照绮罗筵,只照逃亡屋''茂苑绮罗佳丽地,女湖桃李艳阳时''香花助罗绮,钟梵避笙歌'等等,太多啦,背都背不完。姐姐,我是不是很厉害?"

"就数你最厉害,行了吧?"兰兰夸了弟弟一句,转而又认真起来,"但是我们光会这些还远远不够,只有深入去了解丝绸业的起源、发展,你才会明白我们的先辈如何将丝绸技艺传承下来,中间又历经

了多少不为人知的艰难困苦。"

台台听得似懂非懂："虽然丝绸都很漂亮,我们现在也有中丝馆专门保护这些丝绸档案,但是在几千年的延续中,苏州丝绸业有繁荣也有衰落,我们要好好珍惜现在拥有的这些。姐姐,你是这个意思吗?"

话音刚落,只见兰兰手中的书闪现出一道微光,新翻动的一页上写着"传承"二字,同之前一样也有着流光溢彩的效果。姐弟俩相视一笑,都看到了对方眼中的兴奋。

兰兰结合之前发生的事情,若有所思:"看来这本书就是带着我们在不同的房间找到一些相关的元素,只有破解它给出的谜题,同时获得相应元素,才能一步一步往下走。"

"那现在书中已经有下一关的提示了,我们是直接解谜去下一个房间吗?"台台有些犹豫。

看出了弟弟的想法,兰兰反问道:"你觉得呢?"

台台看着姐姐:"虽然找宝藏很好玩,可我还是想先把这段历史看完。"

听到弟弟的回答,兰兰表示赞同:"好,我陪你一起看。"

随着银幕上画面的播放,苏州丝绸业的历史被娓娓道来:"宋皇室南渡,很多能工巧匠被带到太湖流域。缂丝由北方生产地定州迁至苏州等地并得到发展。在织锦中,则出现了苏州宋锦,供装裱书画和制作袍服、帷帐之用。南宋朝廷在苏州成立'作院',兼办宫货绣品。宋代苏州出现了专业的丝织作坊'机户',当时因蚕桑丝织兴盛而形成了专司织造的坊巷,许多地名流传千年,沿用至今。"

"值得一提的是,自宋代后,丝绸织绣被历代宫廷御用,宋、元、明、清四朝都在苏州设官府织造机构,并由朝廷派员驻苏督管。清康熙至乾隆年间,苏州织造局生产规模为全国之冠,下发民间织造数额极为庞大,苏州城乡丝织手工业作坊大量设立,因此有'东北半城,万户机声'一说。"

"清朝晚期,苏州丝绸业由盛转衰。甲午战争后,城区手工织机仅存4000余台,丝绸实业界仁人志士挣扎图存,逐步走上近代丝织工业之路,集中生产管理的近代丝绸工厂由此诞生。光绪二十一年(1895年),官督商办的苏经丝厂在盘门外创建,成为苏州首家近代工厂。民国元年(1912年),坐落在吴县浒墅关的江苏省立女子蚕

业学校着重发展蚕丝业教育,培养蚕业科技人才,并对各地蚕农进行技术指导,在全省乃至全国影响深远。苏州成为蚕业教育、科研、蚕种制造以及蚕业合作事业的发祥地。"

"新中国成立后,苏州丝绸产业得到了进一步的发展。在国家'一带一路'倡议的引领下,苏州丝绸找到了新的发展契机,在新时代继续扬帆远航,走向世界。"这一句话音刚落,银幕也停止了画面播放,影像厅又重归安静。

确认视频已播放完,台台不解地说道:"咦,这里应该还没有结束啊,新中国成立后的故事它还没有讲清楚嘛。"

对此,兰兰也感到奇怪,只好应道:"那我们就先去下一个房间,也许后面就知道原因了。"

"那我们快看看书上的提示吧。"台台闻言又打起精神,研究起了之前新翻开的那一页。

这一次,书页上的内容又是一些奇怪的符号,只在右下角出现了几个英文字母。

这又是指引他们去哪里呢?

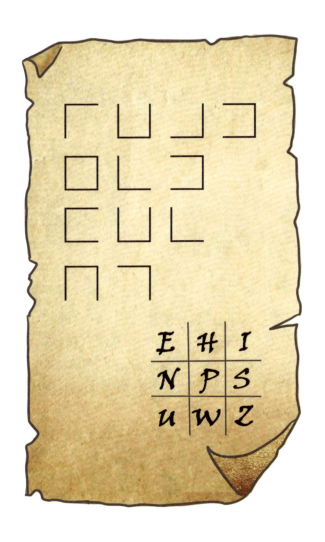

第二章　追溯丝绸业起源

第三章 库房里的特色档案

兰兰思考了一会儿,便肯定道:"我知道答案了!"

"可是我还没什么头绪呢。"台台挠挠头,有些懊恼。

看到弟弟失落的样子,兰兰没有直接说出答案,而是说出了解题的思路:"其实答案就在这些字母的边框中,你再好好想想。"

"边框?啊,我知道了!将上面图形所对应边框中的字母进行拼读,答案就是珍品实物库房。"

"没错,我们快去那里看看吧。"姐弟俩朝目的地跑去。

打开库房,一阵冷气便扑面而来。台台不禁打了个哆嗦:"这里怎么这么冷?"

"因为所有的档案库房都有温湿度要求,为了更好地保存这些档案,是一定要严格按规定执行的。"

"原来是这样。姐姐,这里存放的都是些什么呢?"台台环视一圈,颇为好奇。

"这里就是'镇馆之宝'——近现代中国苏州丝绸档案的存放处了。这批档案主要包括生产管理档案、技术科研档案、营销贸易档案和产品实物档案等。"兰兰一边为弟弟解释,一边戴上手套从档案排架上取下一件档案打开,"这里的档案最早可以追溯到明代。你看,这就是一块明代米黄色地万字双鸾团龙纹宋锦残片。"

看到姐姐如此小心翼翼,台台也不敢动手,只是凑上去仔细观察:"哇!好漂亮,还有东西一闪一闪的。"

"难得你个小迷糊也能看得这么仔细。"兰兰笑着打趣了一句,"算你有眼光,这可是货真价实的金线。"

"金线?金子也能放到丝绸里吗?"

"当然。用真金打制的金线,可以织入不同的织物中。其实这种技术源自辽、金、元三代,明代只是继续沿用、将它发扬光大而已。"

听着姐姐的讲述,台台又被另一件丝绸档案吸引了过去:"姐姐,这又是什么?方方正正的好奇怪。"

清代文官补子
(苏州市工商档案管理中心馆藏)

"这是藏青缎地盘金银线绣花补子,是一件清代文官补子。那个时候的文武百官穿的官服是一种褂式服装,叫作'补服'或'补褂'。补服的前胸和后背各缝缀一块饰有飞禽或走兽纹样的形式完全相同的补子,以此作为官员昭名分、辨等级的徽识。"

看姐姐讲得头头是道,台台不禁鼓掌道:"姐姐你好厉害,记得这么清楚。"

兰兰自豪道:"那当然,中丝馆的志愿者可不是人人都能当的,我们都是经过严格考核、系统培训才上岗的。"

"那姐姐你再给我详细说说这件补子吧。"

看着弟弟好学的样子,兰兰不由多说了些:"清代的官营织造体系总体规模比明代有所缩减,主要有江宁织造局、苏州织造局和杭州织造局,合称'江南三织造',负责供应宫廷和官府需要的各类丝织品。这件补子就是典型的官府造办坊织绣。你看这里,这是运用了盘钉金线、银线和少量平绣的刺绣工艺,在深藏青的绸缎上绣出了飞禽、海波、山石等图案,还在祥云中绣出了暗八仙纹样和蝙蝠,这可是个精细活。"

"我就肯定做不来。"台台说着,将目光转向另一边,"姐姐,这件丝绸档案也很好玩,像连环画一样。"

民国风景古香缎

(苏州市工商档案管理中心馆藏)

"这是一件民国风景古香缎。20世纪三四十年代,织锦缎、古香缎等品种开始流行,并占据了丝绸贸易的重要地位。风景古香缎使用风景山水作纹样,比较精细,内容又很丰富,所以你才会觉得像

连环画。你看这里的亭台、山树以及繁花,还有独具民国特色的车夫拉着载有客人的黄包车穿行其中,是不是很有趣?"

"真的呢,好有意思。"台台简直看得入了迷。

兰兰又说道:"台台你发现了吗,这些丝绸档案之所以各有千秋,除了它们的织法不同,纹样也不尽相同哦。"

"嗯!每一件都有自己的特色。姐姐,你再给我详细说说吧。"

说到这个,在中丝馆担任了一段时间志愿者的兰兰如数家珍:"我们看到的宋锦残片是以吉祥寓意为主题的龙凤纹样,这是中华民族创造出来的集百兽百鸟之美的意象,也是民族精神的象征。但是,在过去,龙凤纹样可只有当权者能用哦。直到封建服饰制度被取消,摆脱了等级的桎梏后,龙凤纹样才转变为民间吉祥纹样,用于百姓日常生活中,而不再是象征统治阶级特权的特殊宫廷纹样。"

台台想起自己见过的丝织品,说道:"怪不得我能在后来的许多丝织被面、床单、围裙上都看到龙凤纹样。"

"你再看这里,也是一件明代残片,叫橘红地灯笼锦,采用了源于宋代灯笼锦设计的五谷丰登图案,作为明代宫廷元宵节服饰上的应景纹样再合适不过啦。灯笼四角悬挂的流苏常成稻穗状,旁边加上蜜蜂、谷穗等,表达出农业社会中的丰收寓意。"

明代橘红地灯笼锦

(苏州市工商档案管理中心馆藏)

"原来这些小小的图案后面还有这么多故事。"台台感到很新奇,"先辈的技艺太了不起了。"

"是啊,这些都是他们智慧与心血的结晶。"说到这里,兰兰叹了口气,"可惜,有一些珍贵的技艺已经湮没在历史的长河里了。"

第四章 恢复丝织技艺的秘密

听到姐姐的话,台台不由急道:"那我们都看不到了吗?"

"这就是中丝馆存在的意义了。我们刚才看到的都是丝绸实物档案,虽然它们都很美丽,但是不易保存,在中丝馆里更多的其实是另外一些档案。"

"还有其他的档案?是姐姐你之前说的生产管理档案、营销贸易档案和技术科研档案吗?"

"对,这些才是真正的精华所在。"兰兰又取出了一些档案放到台台面前,"我们之前看到的苏州丝绸业的发展演变就是从这些档案中提取出来的。你看这些丝绸外销档案,它们是中华人民共和国成立后出口国外的丝绸产品的档案,展示了19世纪至20世纪末中国专为外销设计、生产并输出到世界各地,特别是欧美国家的丝绸织绣品。大量的订货单档案,记录了苏州丝绸远销全球的历史瞬间。"

苏州丝绸的前世今生

台台对着档案一个个数道:"美国、巴西、新加坡、澳大利亚、西班牙、沙特阿拉伯、南非……哇,苏州丝绸真的去过好多地方啊!"

"而且你发现了没,这些外销丝绸产品的品种和花样都是根据不同出口国家的需要而特殊设计制作的,融入了大量的国际元素,比如你很喜欢的米奇、小矮人、超人这些卡通图案,还有日本的和服纹样,在这里都能找到。"

"国外的小朋友也会穿丝绸的衣服吗?"台台好奇道。

兰兰点头肯定："当然，不光小朋友，连英国女王伊丽莎白二世都穿过苏州丝绸印花厂生产的真丝印花绸所制作的时装。是不是很自豪？"

"嗯，苏州丝绸好了不起！"台台与有荣焉。

兰兰笑道："别急着感叹。你要知道，丝织匠人可是费了很大力气，才让苏州丝绸有了今天的成就。为了复原一些已经消逝的丝绸实物，他们来这里查找资料，不断摸索，所以成功来之不易哦。"

"档案怎么复原丝绸啊？"台台有些困惑。

"这就要归功于丝绸科技档案了。比如从技术层面展示丝绸产品工艺过程的工艺单，就保存了产品的原料构成、工艺参数、纹样色彩等技术细节，是不可再生的原始档案。别看它们不起眼，这可是苏州丝绸档案中含金量最高的一部分。不同历史阶段的审美风尚、衣冠体制得到了多样化的存档，同时也为丝绸产品的开发提供了创意。"

台台饶有兴致道："真的有丝绸工艺得到恢复了吗？"

"小笨蛋，我还能骗你不成？根据这批丝绸档案里的丝绸样本和技术资料，借助丝绸企业的专业化研发和生产设备，濒危的传统丝绸工艺正在逐步

恢复、创新中。明清的宋锦、罗残片已经得到了不同程度的恢复,漳缎祖本也得以解密。"

1963年漳缎祖本及相关工艺记录
(苏州市工商档案管理中心馆藏)

"姐姐,你老是说我听不懂的词,漳缎祖本又是什么?"听着姐姐的科普,台台觉得自己知道了很多,但好像不知道的更多。

兰兰看出弟弟的懊恼,柔声道:"这个你学过的,只是没能联系上罢了。你还记得《天工开物》里'凡工匠结花本者,心计最精巧'后面说的什么吗?"

"我记得是'画师先画何等花色于纸上,结本者以丝线随画量度,算计分寸秒(miǎo)忽而结成之。张悬花楼之上,即织者不知成何花色,穿综带经,随其尺寸度数提起衢脚,梭过之后居然花现。'"台台慢慢回忆着,终于将零散信息串联了起来,"老师当时说,这讲的是古代丝织提花生产过程中非常重要的一步——挑花结本。所以祖本就是通过这种方法挑好的第一本花本。"

兰兰表扬道:"知识掌握得很不错嘛,要继续保持哦。只要是自己学到的知识,就不是没有意义的,总有一天会用到它,你说是不是?"

对自己刚才表现出的不自信感到有些羞赧,台台挠挠头,试图转移话题:"姐姐,我们在库房看过了中丝馆的这些特色档案,可是宝藏的下一处提示还是没有出现,接下来怎么办呢?"

兰兰尝试将书页往后翻,却见其还是封印的状态:"目前还不能进行下一关,说明我们还没有找到真正的关键。"

"前面我们得到了'守护'和'传承',所谓的关键是要找到这些丝绸档案背后的意义吗?"台台说出了自己的猜测。

"也许你是对的。"兰兰说着,将目光投向之前看过的那些档案,"我们忽略了一些深意。"

台台很好奇:"怎么说?"

"有一些丝织技艺虽然濒临消失,但无论是档案人还是丝绸人都一直坚守着,所以我们才能看到这些瑰宝。"兰兰缓缓说道,"而且大家探索的步伐也未曾停止过,从过去到未来、从中国到世界,虽百折而不挠。"

"我们不仅要守护、传承这些档案,还要克服重重困难,不遗余力地去追求和探索新的突破。"顺着兰兰的思路,台台总结道。

兰兰若有所思:"我想到了一句话。"

"路漫漫其修远兮,吾将上下而求索!"台台脱口而出。

话音刚落,姐弟俩相视而笑,再看手中书本,果然已可翻页,新出现的正是"求索"二字。这一次,后面只附了张图。

明代米黄色地万字双鸾团龙纹宋锦残片

(苏州市工商档案管理中心馆藏)

"这不是之前说的,明代米黄色地……万字……双、双鸾……"断断续续说到一半,台台便卡了壳。

兰兰指着图片上的纹样,引导道:"你看这两个凤凰边上是什么?"

"是龙!这是明代米黄色地万字双鸾团龙纹宋锦残片!"想起了图中丝绸档案的名字,台台兴奋地喊了出来。

第四章 恢复丝织技艺的秘密

"恭喜这位小朋友,回答正确。"兰兰压低嗓音学老师的语气,逗着弟弟。

"可是书本没有什么变化。"

"如果是指宋锦的话,我知道还有一个地方也存放了宋锦,跟我来。"兰兰带着弟弟,往一楼走去。

第五章 "非遗"里的丝绸文化

"姐姐,我们现在要去哪里?"刚走出空旷的楼梯间,台台就忍不住问道。

兰兰不答反问:"台台,你知道什么是非物质文化遗产吗?"

台台摇摇头。

看到弟弟好奇地瞪大了眼睛,兰兰拉起弟弟的手,向"非遗里的苏州丝绸文化"临时展厅走去,同时清了清嗓子,说道:"我们可以把'非物质文化遗产'拆分成'非物质'和'文化遗产'两个关键词,所以非物质文化遗产本质上是一种文化遗产,其最主要的特征就是以非物质形态存在,但又与群众生活密切相关,通过世代相传的方式不断延续,比如传统口头文学、传统美术、书法、音乐、舞蹈、戏剧、曲艺和杂技……"

"所以我们家族里方叔叔平时爱听的昆曲、爱弹的古琴都是非物质文化遗产吗?"还没等姐姐列举完,台台便急急地抢答了。

"台台真聪明!'非遗'是咱们的宝贵财富。2003年,联合国教科文组织通过了《保护非物质文化遗产公约》,设立《人类非物质文化遗产代表作名录》,呼吁世界各国一起开展保护工作。我们国家也积极参与其中,设立了国家级、省级、市级等多个名录。"

看着弟弟若有所思的专注表情,兰兰顿了顿又说:"从2006年起,每年6月的第二个星期六是我们国家的'文化和自然遗产日',国家文物局每年会选取一座城市举办文化和自然遗产日主场城市活动,通过这一举措来增强全社会的文化遗产保护意识。所以,我们现在要去的展厅是配合今年文化和自然遗产日而举办的临时展览。"

"6月的第二个星期六……啊,那不就是前天吗?"台台掰着白胖的手指自言自语。

看着弟弟认真思索的模样,兰兰决定考一考他:"咱们世代生活的苏州有2000多年的历史文化底蕴,是我国首批历史文化名城,也是重要的非物质文化遗产保护城市。台台,你知道咱们苏州一共拥有多少项'非遗'入选世界级、国家级、省级和市级非遗名录吗？"

台台再次摇了摇头："姐姐快告诉我吧！"

"这个嘛……自己动手，丰衣足食。你得自己去登录苏州非物质文化遗产信息网查看哦！"

一路说说笑笑，姐弟俩不知不觉已经走进了展厅。

"姐姐，这边展示的内容很丰富啊！"台台瞅见十几个展柜中满满当当摆放着各式各样的展品，让人目不暇接。

伴随着台台的惊叹,兰兰面露得意之色:"对,你可别小看了丝绸,它可是咱们非物质文化遗产大家族里面的多面手。让我再好好给你介绍介绍。"

兰兰指着进门左侧的地方,娓娓道来:"这边分别展示了苏州宋锦织造技艺、苏州缂丝丝织技艺和中国古琴艺术中的苏州古琴丝弦制作技艺,它们都入选了《人类非物质文化遗产代表作名录》。其中的宋锦和缂丝丝织技艺都是 2009 年入选的中国传统桑蚕丝织技艺总项目下的子项目。刚刚我们欣赏的明代米黄色……"

"明代米黄色地万字双鸾团龙纹宋锦残片!"台台脱口而出。

兰兰微笑着看了一眼弟弟,继续说道:"传统宋锦的生产制作,从缫丝、染色到织成产品,前后要经过 20 多道工序。宋锦织物表面色线和组织层次非常丰富,这是因为使用了彩抛换色的独特技艺。这一技艺特征被后来的云锦所吸收,一直流传并应用到当代的织锦技艺上。"

认真听完姐姐一连串的介绍,台台感慨道:"正是历经一代代的传承和借鉴,才有了如今高超的织锦技艺呀!"

瞧着弟弟一本正经的模样,兰兰笑道:"要说到传承和借鉴,就更得看看咱们苏州缂丝丝织技艺了。"

姐弟俩把目光投向立于展厅中占地颇大的清代缂丝"三条屏"。在匠人巧夺天工的技艺下,兰兰、台台似乎看见一幅长卷徐徐展开,上面一众仙人或立或坐,或吹笛或持扇,或骑灵兽或捧仙桃,祥云翻飞,奇石嶙峋。整个画面灵动而逼真,古朴而典雅,姐弟俩不觉沉醉其中。

清代缂丝"三条屏"
(苏州市工商档案管理中心馆藏)

第五章 「非遗」里的丝绸文化

"姐姐,你还没有给我介绍缂丝技艺呢!"还是台台先回过神来。

兰兰闻言也收回思绪,说道:"提起缂丝,咱们得从'缂'字说起,你知道除了绞丝旁加革字的缂外,我们还可以用哪一个字吗?"

台台快速地朝展柜介绍文字中扫了一眼:"雕刻的'刻'!"

"对了,所以缂丝显著的特点就是用'通经断纬'的方法,使得织物的表面像用小刀划刻过一样,呈现出小孔或断痕,图案花纹不分正反面,远远看起来,仿佛工笔画一般。"

台台听罢,啧啧称赞。

"你能认出这是什么吗?"兰兰指着右手边一架古琴上的琴弦问道。

"这不就是古琴的丝弦嘛!"台台说着凑近一瞧,"难道真的是用丝绸做的?"

兰兰也移步上前,向弟弟解释道:"咱们都知道,古琴有七根弦,所以我们又称它为'七弦琴'。你可别小看了这一根根丝弦,制作起来可不简单。还记得你小时候调皮,扯断了放置在家族学堂里的古琴琴弦,被方叔叔打屁股吗?"

"姐姐!"

看到弟弟涨红了脸,兰兰噗嗤笑了:"方叔叔生气是有缘由的,你扯断的可是著名的'今虞琴弦'!"

"金鱼琴弦?"台台摸了摸自己的脑袋,又瞅了瞅介绍文字,"原来是今天的今,虞山的虞。"

"对啊,'今虞琴弦'是由苏州制弦师方裕庭应今虞琴家的恳求,经多年时间摸索,最终试制成功的古琴丝弦,史称'今虞琴弦'。琴弦采用上等真丝制作,在所有琴弦制作中,技艺要求最高。现在全国也只有方老传人苏州制弦师潘国辉老先生一人精于此制作。"

"真是太可惜了,赶明儿我得去拜访一下潘老,看看他收不收我。"台台调皮的口吻中透着一股认真。

"好啊,我支持你。不过,你可要做好克服重重困难的准备哦。古琴七弦粗细不同,最细的直径只有0.9毫米,却也要用300多根蚕丝并在一起,经过翻丝、并丝、打线、上胶、熏蒸、晒干和缠丝等工序制作而成,每道工序要求都十分严格。"

"好吧,确实不容易!"听着姐姐口中一长串的名词,台台咂舌道。

"欣赏完入选《人类非物质文化遗产代表作名录》的非遗,让我们一起来看看中国国家级名录中与丝绸有关的非物质文化遗产吧!"看着一脸沉浸其中的弟弟,兰兰拉起台台的手,一起向右前方走去。

"这麻雀也太逼真了吧!"台台又被三幅刺绣作品吸引了。

只见每幅作品上各有两只瓦雀活灵活现,它们或栖息在竹枝上,或嬉戏于梅枝端,脚爪锋利,羽毛柔软,双目有神。竹叶翠绿欲滴,梅花娇艳如霞,各色丝线在灯光的照射下熠熠发光。台台屏气凝神,仿佛一个响动,这些可爱的小精灵就会振翅飞走。

苏绣《瓦雀栖枝》系列
(苏州市工商档案管理中心馆藏)

看着弟弟专注的模样,兰兰忍俊不禁:"我们都知道苏绣是中国'四大名绣'之一,也是一门古老的手艺,工艺流程复杂,在1965年由李娥英主编的《苏绣技法》一书中就汇聚了传统针法和创新针法47种。有双面绣、双面三异绣等。在苏绣历史上有一位著名的绣娘……"

"沈寿!"台台得意地抢答。

"台台真厉害!可是你知道她名字的由来吗?"兰兰冷不丁的一问还真把弟弟问倒了,便自己道出了缘由,"沈寿原来叫沈云芝,1874年出生在江苏吴县,也就是现今的苏州一个古董商的家里。她从小随父亲识字读书,受到家藏的文物字画的熏陶。"

"原来是'白富美'啊!"台台调皮插嘴。

兰兰没好气地看了他一眼:"她8岁开始学习刺绣,十六七岁就成为苏州有名的刺绣能手。1904年,她绣了佛像等8幅作品,为慈禧太后祝寿,慈禧非常满意,赏赐'寿'字,所以她也就改名为'沈寿'了。"

"原来是慈禧赐字啊,那肯定绣工了得!"台台喃喃自语。

兰兰看了看展示的沈寿照片及作品,继续说道:"她可不仅仅绣工了得,而且开了近代刺绣的新风。后来,沈寿受清廷委派前往日本考察学习,回国后,被任命为清宫绣工科总教习,创造了'仿真绣'技艺。她绣的《意大利皇后爱丽娜像》作为国礼赠送意大利,另一件作品《耶稣像》则在美国旧金山'巴拿马—太平洋国际博览会'展出,获得了一等奖。"

"真是中西方交融的典范啊,沈寿兼收并蓄的精神值得我们学习!"台台又一次感慨道。

"我们再去看看其他有关国家级非物质文化遗产项目的介绍吧。"兰兰提议道。

就在姐弟俩凝神细看有关苏州民族乐器制作技艺的介绍时,兰兰手里的书籍再次发出一道微弱的光线。眼尖的台台一下子叫嚷起来:"又有线索啦!"

姐弟俩激动地打开书籍,一串奇怪的数字映入眼帘。

"7426,744,546,74364!"台台不觉大声念了出来。

兰兰赶紧提醒道:"嘘——小点声,现在可是大晚上。"

"可是这些数字代表什么意思呢?"姐弟俩百思不得其解。

第六章　剧装戏具里的乾坤

"之前我们看过的那些展品里面似乎也没有什么线索,要不咱们再往前看看吧!"兰兰提议道。

"也只能这样了。"台台无奈地表示赞同。

两人移步到了一个新的展柜:"下面我们一起去了解一下和昆曲有关的'非遗'技艺。我们也可以称之为'行头'。"

"剧装戏具!"台台一点就通。

兰兰清了清嗓子:"剧装戏具制作技艺是苏州一门独特的手工技艺。20世纪30年代,京剧界最负盛名的梅兰芳、程砚秋、荀慧生、尚小云四大名旦都曾在苏州定制过剧装。"

看弟弟边听边点头,兰兰继续说道:"苏州剧装戏具包涵了深厚的历史文化底蕴,加入美术、刺绣、色彩、历史等各种文化和艺术元素,结合了造型、印绘、缝制、制革等多种工艺手法。现在全国只有苏州能胜任戏衣、盔帽、靴鞋、刀枪、口面、头饰等六大类1000余个品种的制作。"

"生在苏州,真是非常骄傲啊!不过真有1000多个品种吗?"台台打趣说道。

"小样儿,你听着啊,戏衣类378种,戏帽类246种,刀枪类276种,戏靴类41种,髯口头面类79种,头饰光片类23种。"

台台连连点头:"姐姐,你可真厉害,这么多数字都记得住!"

兰兰狡黠地指着一行介绍文字。

"姐姐你犯规!"看出兰兰的小把戏,台台也来了兴致,"那接下来换我来介绍!"

"各位先生、各位女士,接下来出现在你们眼前的是精妙绝伦的制扇技艺。"看到姐姐赞许地朝自己点点头,台台的底气更足了。

"苏州的制扇工艺始于何时,文献上没有具体记载。现在证实自晋到宋,扇子在苏州已经是寻常之

第六章 剧装戏具里的乾坤

物。苏扇还有很多品种,主要有绢宫扇、竹折扇、檀香扇、象牙扇、纸团扇等。"一口气报完一连串名词,台台觉得自己要缓一缓,"姐姐,要不还是你来吧。"

"三百六十行,要做好哪一行都不容易哦。"看到弟弟讪讪地挠了挠头,兰兰接过话题,"汉代班婕妤的诗歌'新制齐纨素,皎洁如霜雪。裁为合欢扇,团圆似明月'描述的就是苏州的绢宫扇。绢宫扇的扇面形状以圆为主,形似满月,象征着团圆幸福,寓意称心如意,所以也叫'团扇'。后来在宫中盛行,也称'宫扇'。它以绫、罗、绢为扇面,上面大多绘制传统工笔国画。传统团扇制作工序非常复杂,有20余道工序,包括烤框、绷扇面、包边、打浆糊、上漆等。"

吴罗宫扇
(苏州市工商档案管理中心馆藏)

"确实不容易,制扇技艺是,讲解也是。"台台调皮地吐了吐舌头,"接下来,我们要看什么呢?"

"来了解一下你最喜欢的灯彩。"兰兰朝台台眨了眨眼睛。

"灯彩?"台台疑惑地看着姐姐。

"小傻瓜,就是花灯啦!"兰兰笑意盈盈。

"就是元宵节我们去虎丘看到的花灯吗?"提起花灯,台台异常兴奋,"姐姐,快给我讲讲!"

知道弟弟喜爱灯彩,兰兰平时对这方面的知识格外留意:"根据考证,苏州灯彩制作可以追溯到南北朝时期,距今已有1500多年的历史。苏州灯彩造型以苏州古典园林的亭台楼阁为范本,灯体以苏州上乘丝绸为面料,灯面以吴门画派的艺术技法绘制,灯花以唐代'华胜'再现的苏州套色剪纸做成,呈现出鲜明的苏州特色。"

台台一边认真地听着,一边掏出手机,对着灯彩模型拍照留念。

兰兰看到弟弟如此认真,忍不住又讲道:"苏州灯彩门类齐全、色彩雅丽,有挂灯类、壁灯类、座灯类、大型艺术灯彩、人物灯彩组合景5大类120多个品种,形制大小不等,小到10厘米左右,大到30

第六章 剧装戏具里的乾坤

多米,这在全国是独一无二的。制作时仍用手工方式完成扎架、裱糊、剪纸、绘画、装饰等多道工序,完整沿袭了传统的灯彩制作方法。灯彩艺术体现了中华民族的才智巧思,它融抽象构成、拟形雕塑、平面书画、复合装饰和光动机制于一体,是一种具有浓郁民族特色的综合空间艺术。"

"我平时只顾看灯,没想到每盏灯背后都融艺术、文化和审美于一体,凝结着众多传统手工艺人的智慧和心血!"台台由衷感叹。

"下面还剩江苏省级名录中与丝绸有关的非物质文化遗产,但咱们寻找宝藏还是没什么线索。"兰兰有些灰心。

"姐姐,说不定答案就藏在后面,别泄气呀。"台台给姐姐打气。

姐弟俩便又结伴来到吴罗织造技艺的展柜前。

"台台,咱们现在要参观的就是成语'绫罗绸缎'里面'罗'的两种织造技艺:四经绞罗和纱罗。"兰兰指着前面展示的样本。

"四经绞罗就是以四根经丝为一组、左右相绞而形成的有较大孔眼的罗!"台台立刻接道。

四经绞罗

(苏州市工商档案管理中心馆藏)

"台台真厉害!四经绞罗工艺曾经一度失传,被称为中国丝绸技术的历史之谜。幸好经过老艺人的不懈努力,终于在20世纪八九十年代,四经绞罗的织造技艺于苏州逐步恢复。"兰兰笑着补充道,"纱罗就是我们俗称的'网眼布',其织造多以蚕丝作为原料,全部或部分采用特殊工艺形成织物。"

姐弟俩继续往前走,看到熟悉的苏州漳缎织造技艺展柜,兰兰灵机一动:"台台,姐姐可要考一考你。"

"尽管放马过来!"台台胸有成竹。

"请听题:以缎纹为地、绒经起花结构的全真丝提花绒织物是什么?"

"当然是漳缎啦。"

"漳缎是在原有哪种织物上进行了创新?"

"这个也难不倒我,是漳绒。"

"漳缎产生于何时?"

"额……"台台绞尽脑汁回想,可是大脑里一片空白。

"让你得意忘形了吧,回去记得翻书哦!"兰兰打趣道。

说笑着,姐弟俩来到了常熟花边制作技艺的展柜。

"咱们还剩最后一个展柜啦,姐姐快说说常熟花边有什么特别之处?"台台催促道。

"常熟花边又称常熟雕绣,所以一个显著特点就是以'雕'见长,采用扣、包、绕、游、切、环、网、抽纱等60多种针法刺绣出光洁平顺的被单、台布、枕套、窗帘等装饰品和日用品。"兰兰做了一个简单的介绍。

"相比其他工艺,常熟花边制作技艺真是充满浓浓的生活气息呀!"台台调皮地笑道。

兰兰看着一幅幅精美的作品,微笑说道:"常熟花边不仅贴近生活,而且发扬了传统刺绣、编织文化,融合了欧洲民间的抽纱工艺,形成了鲜明独特的地方特色和艺术风格。经过数代人的传承,已经有60多种不同的针法和8000多种不同图案存世。在艺术欣赏、技艺交流、民俗学探索、学术研究及生活实用等方面都具有独特的价值。"

"所以,传统技艺在传承的过程中,必须兼收并蓄,以更为多元、开放和包容的姿态完成历史的交接。"台台感慨万千。

"台台总结得真好!但是,我们这展览都看完了,线索还是没有找到啊!"兰兰失落地看了看手中的书本。

"姐姐,这里多了一个提示!"台台黯然的脸庞随着新发现露出了欣喜之色。

姐弟俩屏气凝神,只见刚才那串数字的下面赫然出现了一张表格,同时下一页也已经可以翻动,书页上显现了"多元"二字。

"这个很像九宫格键盘啊!"机灵的台台发现了玄机。

"那我们来试试吧。"

按照台台的思路,姐弟俩进行推算,答案逐渐浮出水面。

第六章 剧装戏具里的乾坤

第七章　苏州丝绸的新面貌

"原来是'前世今生'!"台台兴奋地叫嚷起来。

"小声点!"兰兰用手拍了拍激动的台台,"那咱们接下来的目标应该就是'苏州丝绸的前世今生'固定展厅。也许在那里就能看到之前影像厅未介绍的新中国成立后的苏州丝绸业的发展情况。"

"咱们出发吧!"台台有些迫不及待。

姐弟俩一溜小跑到达旁边的固定展厅。

看到里面丰富多彩的展品和介绍,兰兰提议道:"相对'非遗里的苏州丝绸文化'临时展厅,现在我们即将要参观的是有关苏州丝绸业发展的常设展厅。咱们之前已经对古代和近代苏州丝绸业有了大致的了解,那就先从新中国成立后的现代展区看起吧!"

台台点头表示赞同,姐弟俩便移步向里走去。

看着一份份展出的馆藏丝绸外销档案,台台歪

着脖子问道:"新中国成立后的苏州丝绸业发展有什么特点呢?"

"主要有稳步发展、对外发展、自主经营、产业升级、品牌创新、服务多样这六个关键词。"兰兰总结道。

指着墙板上大段的介绍,兰兰向台台进一步解释:"稳步发展主要指20世纪50年代中期至80年代的计划经济时期,苏州丝绸业在技术水平、生产规模、花色品种、经济效益等方面持续发展,尤其在高档丝绸传统面料的传承开发方面保持全国领先地位。"

"所以这也为丝绸出口打下了基础。"台台顺口说道。

"对,当时咱们苏州的丝织品年产量占全国的15%。丝织品、绣品、和服、缂丝腰带等出口需求量逐年上升,其中真丝绸产量与出口量最高时约占全国的三分之一。为了进一步加强对外交流,从1990年到2004年,苏州先后举办过10余届中国苏州国际丝绸节暨经贸洽谈会。而且在1993年的时候,国际丝绸协会建立以来首次在欧洲之外的城市——南京和苏州召开代表大会。"兰兰得意地扬起眉头。

"那自主经营又是怎么回事呢？"台台好奇地问道。

"20世纪末至21世纪初，苏州市属、县属国有丝绸业分别通过国家政策扶持、资本运作、实施政策性破产和多种形式的改制，使公有资本从丝绸业中退出。各企业经历了蚕茧大战、产能扩张、装备引进、自主经营、多元拓展等艰苦探索。2012年苏州市政府出台《苏州市丝绸产业振兴发展规划》，形成了发展都市丝绸的扶持与助推机制。"兰兰连忙解释。

"这么说是因为市场经济的大环境和政策引导造成的改变。"台台若有所思。

"经过20多年的发展，苏州丝绸业基本实现产业升级。初级加工产业，如缫丝、织造及印染，或退出，或萎缩，或提升。苏州丝绸贸易已经转变为以内销为主，并且与旅游结合，形成都市丝绸贸易形态和市场框架。桑蚕丝绸终端产品经营模式形成，专业丝绸产品市场活跃，丝绸制品网购兴起。"兰兰说得津津有味。

"但从制造变创造更为重要！"台台不忘补充。

"说得没错！一批长期为国内外中高档丝绸服

装、服饰制品进行贴牌加工的丝绸企业,除了继续承接加工外,也开始自己做品牌、搞设计、设窗口,如绣娘、欧星、羿唐等一批自主创新设计、产品精良、拥有知识产权的丝绸企业不断涌现。丝绸服装服饰业中,以技术创新为龙头,以织绣一体为特色,各类别的终端新产品开发成果显现。就如我们知道的北京APEC(亚洲太平洋经济合作组织)会议上各国元首穿着的融宋锦、漳缎和苏绣于一体的新中装,以及杭州G20(20国集团)峰会上作为国礼的丝绸'合礼'等,正是通过丝绸企事业单位与传承人跨界合作,推出的一批丝绸文化创意产品。"兰兰滔滔不绝。

APEC服装面料

(苏州市工商档案管理中心馆藏)

"看来新时期的苏州丝绸业也是实力雄厚呀!"台台竖起了大拇指。

"不仅咱们苏州的企业争气,咱们的政府也十分给力!在政策的引导下,苏州已经形成包括科技、教育、文博、档案、检测、会展、节庆、时装模特、信息、行业协会等各种类型的丝绸服务平台,初步形成与国际化丝绸都市相适应的行业服务机制雏形。"兰兰补充道,"所以之前影像厅讲解词中提到,在国家'一带一路'倡议的引领下,苏州丝绸找到了新的发展契机,在新时代继续扬帆远航,走向世界,指的就是这些啦。"

"原来如此!正是有了一代代的传承与创新,古往今来,苏州'绸都'的美称才得以名副其实!"台台由衷地赞叹。

正说着,眼尖的台台忽然发现姐姐手中拿着的书又发出了一道亮光。他不由自主地伸出手,似乎想截住这道光线。

"书又有反应了吗?"兰兰发现了弟弟的奇怪举动。

顾不上回答姐姐的问题,台台一把拿过书本,着急地翻了起来。果不其然,新页面上出现了"创新"二字和新的提示信息。

"好奇怪的文字啊!"台台率先打破了一室寂静。

"准确地说这更像是经过剪裁拼接后的文字。"仔细端详许久之后的兰兰给出了结论。

"那咱们该怎么办?"台台疑惑地问道。

"看姐姐的!"只见兰兰自信地掏出笔记本,在上面描摹起了书中的"文字",然后将其撕下,重新拼接了起来。

台台好奇地将脸凑了过去。

"互、动、体……"一个个清晰的文字逐渐显现。

"答案是互动体验区!"兰兰长舒一口气。

"姐姐真棒!"台台看了看楼层导览,"互动体验区在负一楼。咱们行动吧!"

宝藏似乎近在咫尺,姐弟俩按捺住激动的心情,肩并肩下了楼。

刚到负一楼,台台就看到右手边房间里堆放着一台台大型设备,不禁好奇地询问它们的用途。

"你说的那是数字化技术用房,是专门用来进行档案数字信息化的。将档案特别是纸质档案转变成数字化电子档案后,可以加强对档案原件的保护,档案利用也会更加便捷、高效。"

"真厉害!"台台点赞。

"还有更厉害的呢!"兰兰用手指着左手边的一排房间,"这边是我们的文创工坊,主要是制作一些融合馆藏档案元素的文创产品,可是很受欢迎的哦。下回姐姐带你来好好逛逛,保证你流连忘返。"

"一言为定!"台台与兰兰击掌相约。

第七章 苏州丝绸的新面貌

第八章　字里行间的谜题

姐弟俩把负一楼逛了一圈,终于来到了互动体验区。只见整个区域被划分成几个不同的主题区,各个区域的主题相互呼应,布置也颇为有趣。

"姐姐,这里就是互动体验区吗?内容好丰富。"台台不禁发出感叹。

兰兰点头以示赞同:"对啊,就是这里了。在互动体验区,小朋友们可以把学过的档案知识以游戏的方式运用到实践中去,这种形式可受欢迎了。"

"真的吗?我也要玩。"听姐姐说是游戏,台台立马打起了精神。

"今天可不行,你忘了我们还在寻宝吗?"看台台情绪瞬间低落的样子,兰兰又补充道,"不过我可以先给你介绍一下,下次再带你来玩,好吗?"

"好吧,那我们要拉钩,姐姐不可以骗我。"

"每次都是你要赖吧?"兰兰好气又好笑。

台台摸摸脑袋,不好意思地笑了。

兰兰见状也不再打趣,认真介绍起来:"你看,这里是让小朋友做成长档案的地方。"

"成长档案?那不就是我们试炼的内容吗?我现在可厉害了!"台台挺起胸膛,自豪极了。

"台台已经通过了我们丝绸档案家族的试炼,当然厉害啦!"兰兰与有荣焉,"可是小朋友们在做成长档案的时候还是会有一些疑问,而来到这里就可以在专家的指导下体验如何做自己独一无二的成长档案了。"

"原来是这样。那边是做什么的呢?"台台指向另一个区域。

"我们刚才不是见识了很多丝绸纹样吗?在这里,小朋友们可以发挥自己的想象力,给旗袍设计纹样。如果设计得好,还可以得到奖励哦。"

听到姐姐的话,台台忙问道:"奖励?是好吃的吗?"

兰兰看着弟弟馋嘴的样子,应道:"嗯,算是吧。"

没发现姐姐是在逗自己,台台喃喃道:"那我要回去好好想想,下次来赢得奖励。"

"爱吃鬼,是精神食粮啦!奖励就是一整套'我是档案迷'丛书。怎么样,你还想要吗?"

"姐姐你又逗我。不过奖励是书也很好啊,我可以从中学到很多知识。"想了想,台台又说道,"姐姐你还是别介绍了,这里每个地方我都想体验,就等下次来再好好看看吧。"

"哈哈,就知道你忍不住,其实这里的体验内容在丛书中的《档案伴我成长》一书里都有哦,你要是表现好,我就送你一本。"

"一言为定,姐姐可要说话算数。"台台说完,满腔斗志地在互动体验区各处都检查了个遍,却没有任何新的发现。

"会不会是墙上的这些问题?"看着面前的知识小问答版块,兰兰陷入沉思。

台台也随之望过去。

只见面前的墙壁上,左右各罗列了5个问题,分别为:

第八章 字里行间的谜题

苏州丝绸的前世今生

1. 苏州缂丝丝织技艺入选了下列哪个级别的非物质文化遗产名录？

   A. 世界级　　　B. 国家级
   C. 省级　　　　D. 市级

2. 下列哪项为源于钉线绣的苏绣针法？

   A. 缂锦绣　　　B. 网绣
   C. 盘金绣　　　D. 荡捻线绣

3. 灯笼纹通常象征(　　)。

   A. 长寿多福　　B. 丰收喜庆
   C. 事业腾达　　D. 辟邪消灾

4. 中国四大名绣除了苏绣、湘绣、蜀绣之外，还有下列哪种？

   A. 顾绣　　　　B. 京绣
   C. 苗绣　　　　D. 粤绣

5. 1981年英国王室为戴安娜王妃婚礼所购14匹共计420码的丝绸种类为(　　)。

   A. 塔夫绸　　　B. 电力纺
   C. 织锦缎　　　D. 绿柳绒

1. 下列哪种织造技艺采用了"通经断纬"的织造法?

　　A. 缂丝　　　　B. 漳缎

　　C. 吴罗　　　　D. 宋锦

2. 除了云锦、蜀锦之外,我国三大名锦还包括以下哪种?

　　A. 壮锦　　　　B. 黎锦

　　C. 宋锦　　　　D. 苗锦

3. 周敬王时吴楚两国因争何物而引发了大国之战?

　　A. 柞　　　　　B. 樟

　　C. 柳　　　　　D. 桑

4. 清朝苏州织造为下列哪个机构提供织品?

　　A. 宫廷　　　　B. 内阁

　　C. 军机处　　　D. 六部

5. 馆藏米黄色地万字双鸾团龙纹宋锦残片属于以下哪个朝代?

　　A. 唐　　　　　B. 宋

　　C. 元　　　　　D. 明

姐弟俩很快就根据前面学习到的知识做出了正确的选择,然而静待一会儿还是无事发生,不禁面面相觑。

兰兰忽然想到了什么,将手中书本打开,果然,书中多了一行字——西方以西,东方以东。

台台看着这行字,暗自嘀咕了一会儿,找到了正确的解题思路:"答案其实就是左边正确答案第一个字的声母,与右边相同题序正确答案最后一个字的韵母相拼后转换一下声调所得的字。"

兰兰也解出了谜题:"我们写下来,看看和对方是不是一样吧。"

第九章 找到档案里的宝藏

看着眼前新鲜出炉的答案"视频放映厅",本以为宝藏已经浮出水面的姐弟俩不禁哑然失笑。

"折腾了一大圈,看来咱们又得回到三楼去了。"台台无奈地耸耸肩。

"不折腾也学不到这么多知识!"兰兰朝泄了气的台台眨了眨眼睛。

姐弟俩再次回到三楼。当踏进视频放映厅时,两人都在心中默念,希望这一次可以成功解密中丝馆的宝藏。

台台随着兰兰在放映厅四处搜索了一番,还是毫无线索。

无奈之下,姐弟俩将目光聚焦到房间一边的投影仪上。

"既然线索是视频放映厅,要不咱们把投影仪打开吧?"兰兰提议道。

说着,兰兰随手将手中翻开至"视频放映厅"文字页的书本放置在了投影仪上。这时,一道浑厚有力的声音突然响起:"亲爱的小朋友们,欢迎你们来到苏州中国丝绸档案馆!"

姐弟俩被这突如其来的声音吓了一跳,台台更是紧紧地抓住了姐姐的手。

"你是谁?"兰兰沉声问道。

"小朋友们,别害怕!我是苏州中国丝绸档案馆的AI机器人。当你们将丝绸档案家族智慧之书放置在AI投影仪上,投影仪感应到书中的芯片,我就被召唤出来了。"

听到是AI机器人,姐弟俩悬着的心终于放了下来。

"那么……AI机器人,你能告诉我们中丝馆的宝藏是什么吗?"台台壮胆问道。

"小朋友,你们不是已经知道答案了吗?"AI机器人和蔼地说。

"我们不知道啊!"台台不满地嘟囔了一句。

"哈哈哈……"听闻台台的回答,AI机器人发出了一串笑声,"小朋友,你可以再翻翻这本智慧之书。"

台台一步上前,将书从投影仪上取下。姐弟俩认真地翻阅了起来。

"亲爱的小朋友们,你们还记得最初是在哪里获得手中这本书的吗?"

"记得,在中丝馆档案资料室!"台台记忆犹新。

"没错!在中丝馆档案资料室,你们了解到档案人为守护档案所付出的心血和汗水,所以智慧之书的第一关'守护'才会被破解。根据提示,你们来到了影像厅。在那里,你们对苏州丝绸业的起源和发展有了新的认识,明白了正是有了一代代的传承,才有了苏州丝绸延绵不绝的发展,因此,你们才解开了第二关'传承'。"AI机器人娓娓道来。

"所以后来我们根据提示,来到了珍品实物库房,在那里进一步了解和学习中丝馆馆藏的特色档案。为了加强对档案文献遗产的保护和利用,我们感受到档案人费尽心力,上下求索,克服重重困难,不遗余力地去追求和探索新的突破,所以,我们才成功破解了第三关'求索',对吗?"聪明的兰兰一下子明白了。

"接下来,我们就去了临时展厅,在那里参观了

苏州丝绸的前世今生

'非遗'中有关苏州丝绸文化的项目。我们发现'非遗'项目中融合了许多苏州丝绸元素,多元化的解读让我们对苏州丝绸文化有了更深刻的认识。因此,我们解开了第四关'多元'。"台台皱着眉头,努力回忆。

AI机器人肯定了姐弟俩的推测:"都说得非常好!最后,你们去了固定展厅,在那里回顾了现代苏州丝绸业的发展,你们体会到正是有了开放、包容和创新,苏州丝绸业才蓬勃向上,不断发展,一次又一次地创造新的辉煌。所以,你们最终破解了第五关'创新'。"

"守护、传承、求索、多元、创新……"兰兰若有所思。

"亲爱的小朋友们,在闯关过程中破解的这五个关键词,就是我们档案家族的宝藏。守护、传承、求索、多元、创新,五个词融合在一起,串联起档案的历史脉络,承载着家族的未来希望,汇聚成档案家族不竭的精神源泉。"AI机器人语重心长道。

"原来是这样!"兰兰和台台恍然大悟,并将这五个词默默记在心头。

"亲爱的小朋友们,我的任务完成了,是时候说再见了。但你们的档案之旅其实还没有结束,期待下次再会!"

"再见,AI机器人,谢谢你!"

四周一切又安静下来,兰兰、台台相视一笑,轻轻合上丝绸档案家族智慧之书,却见有两张卡片从书中掉了出来。

台台接住一看,高兴道:"姐姐快看!这是AI机器人送给我们的礼物吗?"

第九章 找到档案里的宝藏

"欢迎加入档案大家族,优秀档案人……哈哈,赶快写上咱们的名字吧!"

经过这次档案馆奇幻之旅,亲爱的小伙伴,恭喜你已经知晓一名优秀档案人应该具有的品质,赶快加入我们吧!

后 记

中华文化,浩浩汤汤。
兰台御史,源远流长。
典策法书,汗牛充栋。
盛世修典,薪火相传。
中华少年,国之希望。
少年有德,政治清明。
少年有才,文化繁荣。
少年有为,国家富强。
少年有志,民族复兴。
是以中国记忆之发展、文化历史之传承在乎少年,
少年之今日,国家之未来。
吾辈虽不才,愿为少年计。
采撷丝绸珍档,编撰探险故事,串联古今中外,共话世界记忆。

披阅两载,增删十次,纂成六册,图文并茂,娓娓道来:

一话世界记忆之中国发展;

二述丝绸之路之源远流长;

三探苏州丝绸之前世今生;

四表《红楼梦》之丝绸记忆;

五叙成长档案之建档攻略;

六聚档案游戏之精研巧思,

以飨吾中华少年。

盼同学少年,意气风发,爱档护典,传承文化,再续新篇!

编写说明:

本书由杨韫负责整体架构和统稿,以及第一章至第四章、第八章的编写;姜楠负责第五章至第七章、第九章的编写;商大民收集、整理相关资料;栾清照协助完成审校。